Paramahansa Yogananda
(1893-1952)

PARAMAHANSA YOGANANDA

LOVEN OM SUKSESS

—

Å bruke Åndens Kraft

til å skape

Sunnhet, et rikt Liv og Lykke

Self-Realization Fellowship
FOUNDED 1920
Paramahansa Yogananda

OM DENNE BOKEN: *Loven om Suksess* ble først trykket som et hefte i 1944 av Self-Realization Fellowship, og den har kontinuerlig blitt trykket opp igjen siden den gang. Boken er nå utgitt på følgende språk: Engelsk, finsk, fransk, tysk, gresk, italiensk, japansk, norsk, portugisisk, russisk, spansk og svensk.

Originalens tittel på engelsk utgitt av Self-Realization Fellowship, Los Angeles (California): The Law of Success

ISBN-13: 978-0-87612-150-4
ISBN-10: 0-87612-150-4

Norsk oversettelse ved Self-Realization Fellowship
Copyright © 2014 Self-Realization Fellowship

Første utgave på norsk fra Self-Realization Fellowship, 2014
First edition in Norwegian from Self-Realization Fellowship, 2014

ISBN-13: 978-0-87612-395-9
ISBN-10: 0-87612-395-7

1471-J2962

*"Klokest er det menneske som søker Gud.
Mest vellykket er det som har funnet Gud"*

- Paramahansa Yogananda

DET EDLE NYE

———

Syng sanger ingen før har sunget,

Tenk tanker aldri før fremsprunget.

Gå stier der ingen før har dvelt,

Gråt tårer for Gud ingen før har felt.

Gi fred til de som før har vært forsømt,

Ta imot de som før har blitt fordømt.

Elsk alle i en kjærlighet ingen har følt,

Kjemp uten lenker der du før har nølt.

MIN GUDOMMELIGE ARV

———

Gud skapte meg i Sitt bilde. Jeg vil først søke Ham og være sikker på at jeg virkelig er i kontakt med Ham. Så, hvis det er Hans vilje, skal alle ting - visdom, overflod, sunnhet – bli gitt meg i tillegg som min gudommelige arv.

Jeg ønsker å lykkes uten grenser, ikke i verdslige ting, men med hjelp fra Guds ubegrensede, allmektige, alltid gavmilde hender.

LOVEN OM SUKSESS

Finnes det en kraft som kan åpenbare skjulte årer av rikdom og avdekke skatter vi aldri har drømt om? Finnes det en kraft vi kan kalle på for å bli gitt god helse, glede og åndelig opplysning? Helgener og vismenn i India lærer at det finnes en slik kraft. De har vist oss de virkningsfulle og sannferdige prinsipper som også vil arbeide for deg, hvis du vil gi dem en sjanse.

Din suksess i livet avhenger ikke bare av evner og øvelse. Den avhenger også av din beslutning om å gripe de muligheter som blir gitt deg. Muligheter i livet skapes, de kommer ikke som en tilfeldighet. Du har selv, enten nå eller i fortiden, også i tidligere liv, skapt alle de muligheter som kommer på din vei. Siden du har fortjent dem, bruk dem til din fordel.

Hvis du tar i bruk alle ytre midler så vel som

dine naturlige evner for å overvinne alle hindringer på din vei, vil du utvikle den styrke Gud har gitt deg – ubegrenset styrke som strømmer fra de innerste krefter i ditt vesen. Du eier tankens og viljens krefter. Utnytt til det ytterste disse gudommelige gaver!

TANKENS KRAFT

Du lykkes eller feiler som et resultat av dine vanemessige tanker. Hvilke er sterkest i deg – tanken om å lykkes eller tanken om å mislykkes? Hvis du vanligvis er i en negativ sinnstilstand, er ikke en sporadisk positiv tanke nok til å tiltrekke suksess. Men hvis du tenker riktig, vil du nå målet selv om du synes å være omgitt av mørke.

Du alene er ansvarlig overfor deg selv. Ingen andre vil måtte svare for dine handlinger når det endelige regnskap kommer. Ditt arbeid i verden

– på det sted hvor din karma, din egen tidligere aktivitet, har plassert deg – kan bli utført kun av én person – du selv. Og ditt arbeid kan kalles «vellykket» bare hvis det på en eller annen måte tjener dine medmennesker.

Dvel ikke hele tiden ved dine problemer. La de hvile av og til, og de kan finne en løsning av seg selv - men pass på at du ikke lar de hvile så lenge at din skjelneevne blir svekket. Bruk i stedet disse hvileperiodene til å gå dypt inn i de rolige områder i ditt indre Selv. Avstemt til din sjel, vil du være i stand til å tenke riktig i alt du gjør. Hvis dine tanker eller handlinger har ført deg på villspor, kan de bli korrigert. Denne evnen til guddommelig avstemming kan oppnås ved øvelse og innsatsvilje.

VILJEN ER DYNAMOEN

———

Ved siden av positiv tenkning, bør du bruke viljestyrke og uopphørlig aktivitet for å lykkes. Enhver ytre manifestasjon er et resultat av viljen, men denne kraften blir ikke alltid brukt bevisst. Det finnes en mekanisk så vel som en bevisst vilje. Dynamoen i alle dine krefter er vilje eller viljestyrke. Uten vilje kan du ikke gå, snakke, arbeide, tenke eller føle. Derfor er viljestyrke kilden til alle dine handlinger. (For å unngå å bruke denne energien, måtte du være fullstendig inaktiv, både fysisk og mentalt. Selv når du beveger hånden din, bruker du viljestyrke. Det er umulig å leve uten å bruke denne kraften.)

Mekanisk vilje er en ukritisk bruk av viljestyrke. Bevisst vilje er en vital kraft som følger med besluttsomhet og anstrengelse, en dynamo som bør bli styrt med klokskap. Når du trener deg opp til å bruke bevisst og ikke mekanisk vilje, vil du også bli sikker på at din viljestyrke blir brukt konstruktivt, ikke til skadelige formål eller nytteløse oppnåelser.

For å skape en dynamisk viljestyrke, bestem deg for å gjøre noen av tingene i livet ditt som du ikke trodde du kunne gjøre. Prøv enkle oppgaver først. Når selvtilliten din øker og viljestyrken blir mer dynamisk, kan du ta sikte på vanskeligere oppnåelser. Vær sikker på at du gjør et godt valg og avvis tanken om å mislykkes. Legg hele din viljestyrke i å mestre én ting om gangen, spre ikke energien din eller la noe ligge halvgjort før du begynner på et nytt foretak.

DU KAN KONTROLLERE SKJEBNEN

———

Det er sinnet som skaper alle ting. Du bør derfor lede det til å skape bare godt. Dersom du holder fast ved en bestemt tanke med dynamisk viljestyrke, vil den til slutt anta en håndgripelig ytre form.

Når du er i stand til alltid å anvende viljen din til konstruktive formål, vil du ha *kontroll over din skjebne.*

Jeg har nettopp nevnt tre viktige måter å gjøre din vilje dynamisk på: (1) Velg en enkel oppgave eller ferdighet du aldri har mestret og bestem deg for å lykkes med den. (2) Vær sikker på at du har valgt noe konstruktivt og gjennomførbart, og godta ikke tanken på å mislykkes. (3) Konsentrer deg om en enkelt oppgave og bruk alle evner og muligheter på å gjennomføre den.

Men du må alltid være sikker, i dypet av ditt indre Selv, på at det du ønsker er riktig for deg og i samsvar med Guds formål. Da kan du bruke alle krefter og all din viljestyrke for å nå ditt mål, mens du holder din oppmerksomhet rettet på tanken om Gud – Kilden til all kraft og all oppnåelse.

FRYKT SVEKKER LIVSENERGI

Den menneskelige hjerne er et lager for livse-nergi. Denne energien blir kontinuerlig brukt til muskelbevegelser, til hjertets, lungenes og mellomgulvets arbeid. Videre til cellenes for-brenning, til blodets kjemiske arbeid og til å opprettholde sansenervenes funksjoner. Dessu-ten kreves det en mengde energi til alle tanke-, vilje- og emosjonelle prosesser.

9

Frykt svekker livsenergi, den er en av de største fiender til dynamisk viljestyrke. Frykt forårsaker livsenergien som vanligvis flyter jevnt i nervene til å bli presset ut, og nervene til å bli som paralysert. Hele kroppens vitalitet blir redusert. Frykten hjelper deg ikke til å unnslippe det du frykter, den bare svekker din viljestyrke. Frykt får hjernen til å sende ut undertrykkende meldinger til alle kroppens organer. Den får hjertet til å krympe seg, stopper fordøyelsesfunksjonene og forårsaker mange andre fysiske forstyrrelser. Når bevisstheten din er konsentrert på Gud, vil du ikke ha frykt. Enhver hindring vil da bli overvunnet med mot og med tro.

Et «ønske» er *begjær uten energi*. Etter ønsket, følger det å «ha til hensikt» – det å planlegge å gjøre en ting, å oppfylle et ønske eller begjær. Men å «ville» betyr: «Jeg *handler* til jeg oppnår det jeg ønsker.» Det er først når du oppøver din viljestyrke at du frigjør livsenergi – ikke når du bare ønsker passivt at du kunne oppnå noe.

FEILTRINN BØR STYRKE BESLUTTSOMHET

Dine feiltrinn bør virke stimulerende på din viljestyrke og på din materielle og åndelige vekst. Når du har feilet i noe er det nyttig å analysere hver faktor i situasjonen, for å eliminere alle sjanser for at du vil begå samme feil i fremtiden.

Tiden når du feiler er den beste til å så frøene for å lykkes. Omgivelsenes slag vil kanskje såre deg, men hold hodet løftet. Prøv alltid *en gang til*, uansett hvor mange ganger du har feilet. Kjemp videre når du tror du ikke lenger kan kjempe, eller når du tror du har gjort alt du makter - helt til dine anstrengelser blir kronet med hell. En liten historie vil gjøre dette klart: A og B sloss. Etter lang tid, sa A til seg selv: «Jeg klarer ikke mer».

Men B tenkte: «Bare ett slag til». Han gjorde det, og ned gikk A. Du må gjøre som dette: Gi et siste slag. Bruk din ubøyelige viljestyrke for å overvinne alle livets vanskeligheter.

Nye anstrengelser etter å ha feilet bringer sann vekst. Men de må være vel planlagt og ladet med en økende intensitet, oppmerksomhet og dynamisk viljestyrke.

Sett at du *har* feilet så langt. Det ville være dumt å gi opp kampen og godta feilene som om de var tildelt av «skjebnen». Det er bedre å dø kjempende enn å gi opp dine anstrengelser, så lenge det er en mulighet for å oppnå noe mer. For selv når døden kommer, må dine anstrengelser fornyes i et annet liv. Å lykkes eller å feile er det rettferdige resultat av hva du har gjort i fortiden, *pluss* det du gjør nå. Så du bør stimulere alle tanker om å lykkes fra tidligere liv, inntil de blir revitalisert og i stand til å overstyre innflytelsen fra alle feilaktige tendenser i dette livet.

En vellykket person kan ha hatt flere alvorlige vanskeligheter å overvinne enn en som har feilet, men den første trener seg i alltid å avvise tanken på å feile. Du bør vende din oppmerksomhet fra det å feile til å lykkes, fra bekymring til ro, fra mental uro til konsentrasjon, fra rastløshet til fred, og fra fred til den indre guddommelige lykke. Når du oppnår denne tilstanden av Selverkjennelse, vil livet ditt ha blitt seierrikt fullendt.

NØDVENDIGHETEN AV SELVANALYSE

En annen hemmelighet ved fremgang er selvanalyse. Introspeksjon er et speil til å se svakheter i sinnet ditt som ellers ville forbli skjult for deg. Diagnostiser dine feil og sorter ut dine gode og dårlige tendenser. Analyser hva du er, hva du ønsker å være, og hvilke mangler som hemmer deg. Bestem deg for hva som er din virkelige oppgave – din misjon i livet. Gå inn for å gjøre deg selv til det du burde være og det du ønsker å være. Mens du holder sinnet ditt konsentrert om Gud og avstemmer deg til Hans vilje, vil du gjøre stadig større fremskritt på din vei.

Ditt endelige mål er å finne veien tilbake til Gud, men du har også en oppgave å utføre i den ytre verden. Viljekraft kombinert med initiativ vil hjelpe deg til å gjenkjenne og fullføre denne oppgaven.

INITIATIVETS SKAPENDE KRAFT

Hva er initiativ? Det er den skapende evnen inne i deg – en gnist av den Uendelige Skaper. Den kan gi deg kraft til å skape noe som ingen annen noensinne har skapt. Den driver deg til å gjøre ting på nye måter. Oppnåelsene til en person med initiativ kan være like iøynefallende som et stjerneskudd. Det ser ut som om han skaper noe av intet, og han viser at det som synes umulig kan bli mulig med anvendelse av Åndens store og nyskapende kraft.

Initiativ gjør deg i stand til å stå på egne ben – fri og uavhengig. Det er en av egenskapene ved å lykkes.

SE GUDS BILDE I ALLE MENNESKER

Mange mennesker unnskylder sine egne feil, men dømmer andre strengt. Vi burde snu denne holdningen ved å unnskylde andres svakheter og ved strengt å vurdere våre egne.

Noen ganger kan det være nødvendig å analysere andre mennesker. I slike tilfelle er det viktig å huske ikke å være forutinntatt. Et åpent sinn er som et speil – det er holdt i ro og vibrerer ikke med forhastede slutninger. Ethvert menneske som blir reflektert i dette speilet vil sees uten forvrengning.

Lær å se Gud i alle mennesker, uansett rase eller tro. Først når du begynner å føle din enhet med ethvert menneske, vil du vite hva guddommelig kjærlighet er. I gjensidig tjeneste glemmer vi vårt lille selv og får et glimt av det ene grenseløse Selv, Ånden som forener alle mennesker.

TANKEVANER KONTROLLERER VÅRE LIV

Våre vaner fremskynder eller forsinker vår mulighet til å lykkes.

Det er ikke dine kortvarige inspirasjoner eller strålende ideer så mye som dine hverdagslige mentale vaner som kontrollerer livet ditt. Vanemessige tanker er mentale magneter som trekker til seg visse ting, mennesker eller tilstander. Gode tankevaner gjør deg i stand til å tiltrekke deg fordeler og muligheter. Dårlige tankevaner trekker til deg materialistiske mennesker og ufordelaktige omgivelser.

Svekk en dårlig vane ved å unngå alt som assosieres med den eller stimulerer den, *uten å konsentrere deg om den i din anstrengelse for å unngå den*. Snu deretter oppmerksomheten din mot en god vane og kultiver den stadig, til den blir en del av deg.

Det er alltid to krefter som kjemper mot hverandre i oss. Én som forteller oss at vi skal gjøre det vi ikke burde gjøre, og én som oppfordrer oss til å gjøre det vi burde, ting som kan synes vanskelige. Den ene stemmen er det ondes, den andre er det godes, Guds stemme.

Gjennom vanskelige daglige utfordringer vil du en gang se klart at dårlige vaner gir næring til treet av endeløse materielle ønsker, mens gode vaner nærer treet av åndelige aspirasjoner. Mer og mer bør du konsentrere dine anstrengelser om å lykkes i å få det åndelige treet til å vokse, slik at du en dag kan høste den modne frukten av Selverkjennelse.

Hvis du er i stand til å fri deg fra alle slags dårlige vaner, og hvis du er i stand til å gjøre det gode for det godes skyld og ikke bare fordi ondskap bringer sorg, da gjør du virkelig åndelig fremgang.

Det er bare når du forkaster dine dårlige vaner at du er et fritt menneske. Først når du er en virkelig mester, i stand til å kommandere deg selv til å gjøre de ting du burde, men kanskje ikke vil gjøre, da er du en fri sjel. *I kraften av selvkontroll ligger spiren til evig frihet.*

Jeg har nå nevnt noen viktige sider ved det å lykkes – positive tanker, dynamisk vilje, selvanalyse, initiativ og selvkontroll. Mange populære bøker legger vekt på en eller flere av disse, men de gir ikke æren til den Guddommelige Kraft bak dem. *Å avstemme seg til den Guddommelige Vilje er den viktigste faktoren for å lykkes.*

Guddommelig Vilje er kraften som beveger kosmos og alt i det. Det var Guds vilje som slynget stjernene ut i verdensrommet. Det er Guds vilje som holder planetene i sine baner og som styrer syklusene av fødsel, vekst, og forfall hos alle former for liv.

KRAFTEN I DEN GUDOMMELIGE VILJE

Den Gudommelige Vilje har ingen grenser. Den arbeider gjennom kjente og ukjente lover, naturlige og tilsynelatende mirakuløse. Den kan forandre skjebners forløp, vekke opp døde, kaste fjell i havet, og skape nye solsystemer.

Mennesket, som et bilde av Gud, eier i sitt indre en alt-oppnående viljekraft. Å oppdage gjennom rett meditasjon[1] hvordan det kan være

---

[1] Meditasjon er den spesielle formen for konsentrasjon der oppmerksomheten har blitt frigjort gjennom vitenskapelige yogateknikker fra rastløsheten i den kroppsbevisste tilstand, og blir ensrettet fokusert på Gud. *Self- Realization Fellowship* leksjoner gir detaljerte instruksjoner i denne meditasjonsvitenskapen. (*Utgivers anm.*)

i harmoni med den Gudommelige Vilje er menneskets høyeste plikt.

Når den er ledet av uvitenhet, vil den menneskelige vilje forlede oss, men ledet av visdom vil den være avstemt etter den Guddommelige Vilje. Guds plan med oss blir ofte skjult av livets konflikter, slik at vi mister den indre ledelse som kunne redde oss fra elendighetens avgrunner.

Jesus sa: «La Din vilje skje.» Når mennesket avstemmer sin vilje etter Guds vilje, som er ledet av visdom, bruker det den Guddommelige Vilje. Gjennom de rette meditasjonsteknikker, utviklet i fordums tid av Indias vismenn, kan alle mennesker oppnå fullkommen harmoni med den Himmelske Fars vilje.

FRA ET OSEAN AV OVERFLOD

Likesom all makt ligger i Hans vilje, strømmer også alle åndelige og materielle gaver fra Hans grenseløse overflod. For å kunne motta Hans gaver må du slette ut alle tanker om begrensning og fattigdom fra ditt sinn. Det Universelle Sinn er fullkomment og kjenner ingen mangler. For å nå det aldri sviktende forrådet, må du opprettholde en bevissthet om overflod. Selv når du ikke vet hvor de neste pengene kommer fra, bør du nekte å bli bekymret. Når du gjør din del og stoler på at Gud gjør Sin, vil du finne at mystiske krefter kommer deg til unnsetning og at dine konstruktive ønsker snart vil materialiseres. Denne tilliten og bevisstheten om overflod kan oppnås gjennom meditasjon.

Siden Gud er kilden til all mental kraft, fred og

rikdom, *skal du ikke ville eller handle først, men kontakte Gud først.* Slik kan du styrke din vilje og din aktivitet for å oppnå de høyeste mål. På samme måte som du ikke kan kringkaste gjennom en ødelagt mikrofon, kan du ikke sende ut dine bønner gjennom en mental mikrofon som har blitt forstyrret av rastløshet. Du bør gjennom dyp ro reparere din mentale mikrofon og øke din intuitive mottakelighet. Slik vil du bli i stand til å kommunisere effektivt med Ham og å motta Hans svar.

MEDITASJONENS VEI

Etter at du har reparert din mentale mikrofon og rolig avstemt deg til konstruktive vibrasjoner, hvordan kan du bruke den til å nå Gud? Den rette meditasjonsmetoden er veien.

Gjennom kraften av konsentrasjon og meditasjon kan du dirigere den utrettelige kraften i ditt sinn til å oppnå hva du ønsker og å vokte alle dører mot feiltrinn. Alle vellykkede menn og kvinner gir mye av deres tid til dyp konsentrasjon. De er i stand til å dykke dypt inn i deres sinn og finne perler av riktige løsninger på problemer de står overfor. Hvis du lærer hvordan du kan trekke din oppmerksomhet bort fra alle distraksjoner og feste den på ett konsentrasjonsobjekt, vil du også vite hvordan du med viljen kan tiltrekke deg hva du enn måtte trenge.

Før du begynner på viktige foretak, sitt stille, ro ned dine sanser og tanker og mediter dypt. Da vil du bli ledet av Åndens store skapende kraft. Deretter bør du utnytte alle nødvendige materielle midler for å oppnå målet ditt.

De ting du trenger i livet er de som vil hjelpe deg å fullføre ditt viktigste mål. Ting du kanskje *ønsker*, men ikke *trenger*, kan føre deg bort fra dette målet. Det er bare ved å la alle ting tjene ditt hovedformål at du kan lykkes.

SUKSESS MÅLES MED LYKKE

———

Tenk over om det målet du har satt deg vil gjøre deg mer vellykket. Hva *vil det si* å lykkes? Hvis du har både rikdom og god helse, men har problemer med alle (inkludert deg selv), lever du ikke et vellykket liv. Tilværelsen blir verdiløs, hvis du ikke kan finne glede i noe. *Dersom rikdom går tapt, har du mistet litt. Hvis helsen går tapt, har du mistet noe større. Men hvis sinnsroen går tapt, har du mistet din høyeste skatt.*

Suksess bør derfor måles med gledens målestokk - ved hvor mye du er i stand til å leve i fredelig harmoni med de kosmiske lover. Den blir ikke riktig målt med de verdslige standarder som rikdom, prestisje og makt. Ingen av disse gir deg lykke hvis de ikke blir brukt riktig. For å bruke de riktig, må en eie visdom og kjærlighet til Gud og til mennesker.

Gud hverken belønner deg eller straffer deg. Han har gitt deg makt til å belønne eller straffe deg selv, gjennom din bruk eller misbruk av egen fornuft og viljestyrke. Hvis du overskrider lovene for sunnhet, velstand og visdom, vil du uunngåelig måtte lide av sykdom, fattigdom og uvitenhet. Derfor bør du styrke ditt sinn og nekte å bære byrden av mentale og moralske svakheter som er samlet opp gjennom fortiden. Brenn de i ilden av dine nåværende guddommelige beslutninger og riktige aktiviteter. Gjennom denne konstruktive holdningen vil du oppnå frihet.

Lykke avhenger i en viss grad av ytre tilstander, men mer av mentale holdninger. For å være lykkelig, bør en ha god helse, et sinn i balanse, et rikt liv, riktig arbeid, et takknemlig hjerte og fremfor alt visdom eller kunnskap om Gud.

En sterk beslutning om å være lykkelig vil hjelpe deg. Vent ikke på omstendighetene med å forandre deg, det er feil å tro at problemene ligger i dem. Gjør ikke nedstemthet til en kronisk vane, det påvirker både deg selv og dine nærmeste. Det er en velsignelse for deg selv og for andre hvis du er lykkelig. Eier du lykke, eier du alt! Å være lykkelig er å være i harmoni med Gud. Evnen til å være lykkelig kommer gjennom meditasjon.

LA GUDS KRAFT LEDE DINE ANSTRENGELSER

Frigjør til konstruktive formål de krefter du allerede har, og mere vil komme. Fortsett på din vei med urokkelig beslutning og bruk alle sider ved det å lykkes. Avstem deg til Åndens skapende krefter. Da vil du være i kontakt med den

Uendelige Intelligens som er i stand til å lede deg og til å løse alle problemer. Kraft fra den dynamiske Kilde i ditt indre vil strømme uavlatelig, slik at du vil være i stand til å handle kreativt i alle former for aktivitet.

Før du tar viktige avgjørelser, bør du sitte i stillhet og spørre Faderen om Hans velsignelse. Da vil Guds kraft stå bak din kraft, Hans sinn stå bak ditt sinn, Hans vilje bak din vilje. Når Gud arbeider sammen med deg, kan du ikke feile. Alle evner du har vil øke i kraft. Når du utfører ditt arbeid med tanke på å tjene Gud, vil du motta Hans velsignelser.

Om ditt arbeid i livet er beskjedent, be ikke om unnskyldning for det. Vær stolt, fordi du utfører en plikt som er gitt deg av Faderen. Han trenger deg på din spesielle plass - alle kan ikke spille den samme rollen. Så lenge du arbeider for å tilfredsstille Gud, vil alle kosmiske krefter harmonisk støtte deg.

Når du overbeviser Gud om at du ønsker Ham over alle ting, vil du være avstemt etter Hans vilje. Når du fortsetter å søke Ham uansett hvilke hindringer du måtte møte som trekker deg bort fra Ham, bruker du din menneskelige vilje i sin mest konstruktive form. Slik vil du bruke loven om suksess som var kjent av de fordums vise og som er forstått av alle de som har oppnådd virkelig suksess. Den guddommelige kraft er din dersom du gjør besluttsomme anstrengelser for å bruke den til oppnå sunnhet, lykke og fred. Med disse som mål vil du vandre Selverkjennelsens vei til ditt sanne hjem i Gud.

ORD TIL ETTERTANKE

———

Himmelske Far, jeg vil resonnere, jeg vil ville, jeg vil handle. Men led du mitt resonnement, min vilje og min aktivitet til å gjøre de rette ting som jeg burde gjøre.

OM FORFATTEREN

———

Paramahansa Yogananda (1893-1952) er vidt anerkjent som en av de mest fremstående åndelige personligheter i vår tid. Han var født i India, og kom til Amerika i 1920. I de neste tre tiår bidro han på vidtrekkende måter til å skape en større oppmerksomhet og anerkjennelse i Vesten av Østens evige visdom – gjennom hans forfatterskap, hans omfattende foredragsturneer, og ved å opprette et stort antall Self-Realization Fellowship templer og meditasjonssentre. Hans høyt verdsatte livshistorie, *En Yogis Selvbiografi*, så vel som hans instruktive serier med leksjoner for hjemmestudier, har ført millioner av mennesker inn i Indias eldgamle vitenskap om meditasjon og metoder til å oppnå balanse og harmoni i kropp, sinn og sjel. Under ledelse av en av hans tidligste og nærmeste disipler, Sri Daya

Mata (1914-2011), og nåværende president Sri Mrinalini Mata, har hans åndelige og humanitære arbeid blitt videreført opp til i dag av Self-Realization Fellowship, den internasjonale organisasjonen han grunnla i 1920 for å spre hans lære over hele verden.

BØKER PÅ NORSK AV
PARAMAHANSA YOGANANDA

Tilgjengelig hos Tanum Bokhandel
www.tanum.no

En Yogis Selvbiografi

Tilgjengelig fra bokhandlere eller fra
Self-Realization Fellowship

www.yogananda-ssrf.org

En Yogis Selvbiografi

Loven om Suksess

Metafysiske Meditasjoner

BØKER PÅ ENGELSK AV
PARAMAHANSA YOGANANDA

Tilgjengelig fra bokhandlere eller direkte fra utgiver:
Self-Realization Fellowship
3880 San Rafael Avenue • Los Angeles,
California 90065-3219
Tlf (323) 225-2471 • Fax (323) 225-5088

www.yogananda-srf.org

Autobiography of a Yogi

The Second Coming of Christ:
The Resurrection of the Christ Within You
En åpenbarende kommentar til Jesu
opprinnelige lære.

God Talks with Arjuna; The Bhagavad Gita
En ny oversettelse med kommentarer.

Man's Eternal Quest
Volum I av Paramahansa Yoganandas
forelesninger og uformelle taler.

The Divine Romance
Volum II av Paramahansa Yoganandas
forelesninger, uformelle taler og essay.

Journey to Self-Realization
Volume III av Paramahansa Yoganandas
forelesninger og uformelle taler.

Wine of the Mystic:
The Rubaiyat of Omar Khayyam —
A Spiritual Interpretation
Inspirerte kommentarer som bringer lys over
den mystiske vitenskapen om kommunikasjon
med Gud, skjult bakenfor Rubaiyats gåtefulle
billedbruk.

Where There Is Light:
Insight and Inspiration for Meeting Life's Challenges

Whispers from Eternity
En samling av Paramahansa Yoganandas
bønner og guddommelige erfaringer i opphøyde
meditative tilstander.

The Science of Religion

The Yoga of the Bhagavad Gita:
*An Introduction to India's Universal Science of
God-Realization*

The Yoga of Jesus:
Understanding the Hidden Teachings of the Gospels

In the Sanctuary of the Soul:
A Guide to Effective Prayer

Inner Peace:
How to Be Calmly Active and Actively Calm

To Be Victorious in Life

**Why God Permits Evil and How to Rise
Above It**

Living Fearlessly:
Bringing Out Your Inner Soul Strength

How You Can Talk With God

Metaphysical Meditations
Mere enn 300 åndelige oppløftende
meditasjoner, bønner og bekreftelser.

Scientific Healing Affirmations
Paramahansa Yogananda gir her en dypsindig
forklaring av vitenskapen om bekreftelser.

Sayings of Paramahansa Yogananda
En samling av utsagn og vise råd som formidler
Paramahansa Yoganandas åpenhjertige og
kjærlige svar til de som kom til ham for ledelse.

Songs of the Soul
Mystiske dikt av Paramahansa Yogananda.

The Law of Success
Forklarer dynamiske prinsipper for oppnåelse av
livets mål.

Cosmic Chants
Tekster (engelske) og musikk til 60 sanger om
hengivelse, med en innføring i hvordan åndelig
sang kan føre til kommunikasjon med Gud.

AUDIO OPPTAK AV PARAMAHANSA YOGANANDA

Beholding the One in All

The Great Light of God

Songs of My Heart

To Make Heaven on Earth

Removing All Sorrow and Suffering

Follow the Path of Christ, Krishna, and the Masters

Awake in the Cosmic Dream

Be a Smile Millionaire

One Life Versus Reincarnation

In the Glory of the Spirit

Self-Realization: The Inner and the Outer Path

ANDRE UTGIVELSER FRA SELF-REALIZATION FELLOWSHIP

En fullstendig katalog som beskriver alle Self-Realization Fellowships publikasjoner og audio/video opptak kan sendes på forespørsel.

The Holy Science
av Swami Sri Yukteswar

Only Love:
Living the Spiritual Life in a Changing World
av Sri Daya Mata

Finding the Joy Within You:
Personal Counsel for God-Centered Living
av Sri Daya Mata

God Alone:
The Life and Letters of a Saint
av Sri Gyanamata

"Mejda":
The Family and the Early Life of Paramahansa Yogananda
av Sananda Lal Ghosh

Self-Realization *(et kvartalsvis magasin opprettet av Paramahansa Yogananda i 1925)*

SELF-REALIZATION FELLOWSHIP LEKSJONER

Vitenskapelige teknikker for meditasjon lært av Paramahansa Yogananda. Leksjonene, som omfatter Kriya Yoga —så vel som hans ledelse i alle aspekter av et balansert åndelig liv — er presentert i Self-Realization Fellowship Lessons. For nærmere informasjon, vennligst be om å få tilsendt gratisheftet "Undreamed-of Possibilities". Tilgjengelig på engelsk, spansk og tysk.

MÅL OG IDEALER FOR
Self-Realization Fellowship

Fastsatt av Paramahansa Yogananda, grunnlegger
Sri Mrinalini Mata, President

Å utbre blant nasjonene kunnskap om viten-skapelige teknikker for å oppnå direkte og per-sonlig erfaring av Gud.

Å lære at livets formål er utvikling, gjennom egne anstrengelser, av menneskets begrensede dødelige bevissthet mot Gudsbevissthet, og for dette formål å opprette Self-Realization Fellows-hip templer over hele verden for Gudskommu-nikasjon, videre å oppmuntre opprettelsen av individuelle templer i hjemmene og i mennes-kenes hjerter.

Å åpenbare den fullstendige harmoni og grunnleggende enhet som eksisterer mellom opprinnelig Kristendom lært av Jesus Kristus og opprinnelig Yoga lært av Bhagavan Krishna, og å

vise at disse sanne prinsipper er det felles viten-
skapelige grunnlag for alle sanne religioner.

Å påpeke den ene guddommelige hovedvei
alle sanne religioner til slutt fører til: Hovedveien
gjennom daglig, vitenskapelig og hengiven med-
itasjon på Gud.

Å frigjøre mennesket fra dets trefoldige lidelse:
Fysisk sykdom, mental ubalanse og åndelig uvi-
tenhet.

Å oppmuntre til «enkel livsstil og høy tenk-
ning» og å spre en ånd av brorskap mellom alle
folk ved å lære det evige grunnlag for deres enhet:
Slektskapet med Gud.

Å demonstrere sinnets overlegenhet over krop-
pen, og sjelens over sinnet.

Å bekjempe ondt med godt, sorg med glede,
grusomhet med vennlighet og uvitenhet med vis-
dom.

Å forene vitenskap og religion gjennom å erkjenne enheten av deres underliggende prinsipper.

Å fremme kulturell og åndelig forståelse mellom Øst og Vest, og å utveksle begges beste og fineste kvaliteter.

Å tjene menneskeheten som sitt høyere Selv.

www.ingramcontent.com/pod-product-compliance
Lightning Source LLC
Chambersburg PA
CBHW021117020426
42331CB00004B/523